American Football für Anfänger

Wie Sie Positionen, Spielzüge und Taktiken leicht verstehen und gekonnt mitreden

Martin Kosel

⬭ INHALT

Alle Jahre wieder

Wer kennt es nicht? Alle Jahre wieder, immer kurz nach dem Jahreswechsel, kommt irgendjemand aus dem Freundes- oder Bekanntenkreis und fragt, ob man nicht Lust hat, den Super Bowl zu schauen. Also jene Sportveranstaltung, die immer mitten in der Nacht vom ersten Sonntag im Februar auf den darauffolgenden Montag stattfindet.

Richtig, der Montag, an dem sozusagen jeder (normale) Mensch arbeiten muss. Sitzt man dann bei Freunden auf dem Sofa und schaut in die Runde, gibt es eigentlich nur zwei mögliche Szenarien. Das erste Szenario sieht folgendermaßen aus: Man ist umgeben von absoluten Nerds. Alle haben sich für oder gegen ein Team entschieden. Jeder kennt jede Regel und wahrscheinlich haben alle schon die letzten 20 Jahre zusammen den Super Bowl und viele andere Spiele der Playoffs und wahrscheinlich sogar der Regular Season geschaut. Sitzt man dort ohne Fachwissen, dann ist man schnell verloren.

Es wäre an dieser Stelle also nicht verkehrt, zumindest die Grundzüge des Spiels zu kennen, damit man nicht komplett unwissend oder im schlimmsten Fall als Trottel dasteht.

Das zweite Szenario stellt sich so dar, dass es sich um eine Veranstaltung handelt, bei der die Halbzeitshow wichtiger zu sein scheint als das Spiel selbst. Jeder scheint zu wissen, von wem die Nationalhymne der USA gesungen wird und jeder weiß, wer die Halbzeitshow rocken soll. Fragt man aber nach den Teams, die spielen, dann bekommt man oft ein „Äh keine Ahnung. Ich bin für das gleiche Team wie Carsten und die Hauptsache ist doch, dass wir alle mal wieder etwas miteinander machen.".

Als Nerd kann man hier natürlich schnell zum langweiligen Spielverderber werden. Mit ein wenig Fachwissen kann man in der Freundesrunde aller-

dings mit Sicherheit punkten, für den einen oder anderen Aha-Moment sorgen und vielleicht auch ein bisschen Bewunderung genießen. Egal, auf welches Szenario man sich gerade einstellt, die folgenden Zeilen helfen dabei, jeden Abend mit American Football zu einem besseren Abend zu machen.

Das Spielfeld

Ein Spielfeld im American Football misst knapp 110 Meter Länge und ist gut 48,5 Meter breit. Die Mitte des Spielfeldes markiert die 50-Yard-Linie. Von dort aus ist das Feld in beide Richtungen gleichermaßen absteigend in Abschnitte zu je fünf Yards eingeteilt.

Alle fünf Yards erfolgt eine durchgezogene Linie, alle zehn Yards ist diese mit einer entsprechenden Angabe der Entfernung zur Endzone versehen. Also 40-Yard-Linie, 30-Yard-Linie, 20-Yard-Linie, 10-Yard-Linie und schließlich die Goalline mit der Endzone. Die Entfernung von Endzone zu Endzone beträgt somit 100 Yards.

Der jeweilige Bereich zwischen der 20-Yard-Linie und der dazugehörigen Endzone wird als Redzone bezeichnet. Die Endzone selbst ist ebenfalls je 10 Yards lang. Zu beachten ist, dass die Goalline ebenfalls zur Endzone dazugehört. Das ist wichtig, wenn es um das Erzielen von Touchdowns geht.

Die Begrenzungen, also alle Außenlinien des Spielfeldes, gehören im Gegensatz dazu nicht mehr zum Spielfeld. Werden diese von einem Spieler berührt, befindet sich dieser Spieler im Aus. Auch das ist für den Spielverlauf wichtig.

In der Mitte der Endzonen befindet sich zudem jeweils ein Goal. Dieses besteht aus einer Querstange und zwei darauf angebrachten, nach oben stehenden Pfosten. Das Goal wird im Laufe des Spiels für die Erzielung von Punkten benötigt. Einen weiteren Teil der Endzonen stellen die vier orangefarbenen Pylonen dar, welche die Endzonen jeweils begrenzen und mit zur Endzone gehören.

Auf und neben dem Spielfeld bewegen sich folgende Akteure: die Spieler, Schiedsrichter, Trainer, Teamärzte, Physiotherapeuten, medizinische und sonstige Mitarbeiter der Mannschaften sowie die „Chain Gang".

Die Mannschaft

Eine Mannschaft im American Football, zumindest in der NFL, besteht aus 53 Spielern. Jede Mannschaft teilt sich in drei Mannschaftsteile auf. Erstens die „Offense", zweitens die „Defense" und drittens die „Special Teams".

Die Offense versucht Raumgewinn und daraus resultierend Punkte zu erzielen, die Defense versucht vorrangig Raumgewinn und Punkte zu verhindern und die Specialteams sind nur dann auf dem Feld, wenn der Ball gekickt, also mit dem Fuß geschossen wird.

Zu Beginn eines Spiels erfolgt der sog. „Coin Toss". Der Hauptschiedsrichter wirft eine Münze

und der Gewinner des Münzwurfs darf entscheiden, ob er das Angriffsrecht in der ersten Halbzeit wahrnehmen möchte, also mit seiner Offense beginnt, oder ob er darauf verzichtet und mit der Defense in die erste Halbzeit starten will. Der Vorteil des Verzichts auf das Angriffsrecht in der ersten Halbzeit ist, dass man die zweite Halbzeit mit der Offense beginnen kann. Zur Vereinfachung werden die nachfolgenden Erklärungen und Erläuterungen anhand der Mannschaften A und B dargestellt.

Der „Coin Toss" ist erfolgt, Mannschaft A hat ihn gewonnen und sich dafür entschieden, auf ihr Angriffsrecht zu verzichten. Nun schicken beide Mannschaften zunächst ihre Special Teams auf das Feld. **Es erfolgt der Kick-Off.** Eine ausführliche Beschreibung des Kick-Off's erfolgt im Kapitel „Special Teams". Es sei an der Stelle nur kurz erwähnt, dass nach dem Kick-Off feststeht, von welcher Yard-Linie die Offense ihren Angriff starten wird.

Mannschaft A schickt nun ihre Defense auf das Spielfeld, da sie auf ihr Angriffsrecht verzichtet hat. Mannschaft B startet logischer Weise mit ihrer Offense auf dem Spielfeld und wird zunächst von rechts nach links spielen. Solange sich die Offense der Mannschaft B auf dem Teil des Spielfeldes befindet, welcher rechts von der 50-Yard-Linie ist, spricht man von der eigenen Hälfte. Die andere Hälfte ist die gegnerische Hälfte. Es stehen sich jeweils elf Spieler pro Mannschaft gegenüber.

DIE OFFENSE

Das Ziel der Offense ist es, Punkte zu erzielen. Sie besteht aus Spielern auf verschiedenen Positionen mit unterschiedlichen Möglichkeiten und Aufgaben. Die Offense hat drei Versuche (im Englischen Downs genannt), um von der bestehenden Feldposition ausgehend entweder mit dem Ball die gegnerische Endzone zu erreichen oder zumindest einen Raumgewinn von zehn Yards oder mehr zu erspielen.

Dies kann durch einen Lauf- oder einen Passspielzug erfolgen. Bei einem Laufspielzug versucht ein Spieler mit dem Ball so weit wie möglich zur gegnerischen Endzone vorzudringen oder sogar diese zu erreichen. Der Raumgewinn wird am Boden erlaufen. Ein Passspielzug zeichnet sich dadurch aus, dass der Ball nach vorne geworfen wird, dort fängt ein Spieler diesen und versucht dann mit dem Ball

die gegnerische Endzone zu erreichen oder so nah wie möglich an diese zu gelangen. Der Großteil des Raumgewinns wird hier erworfen.

Schafft es die Offense wenigstens zehn Yards mit höchstens drei Versuchen zu erzielen, bekommt sie drei neue Versuche, um mit dem Ball die gegnerische Endzone zu erreichen oder um mindestens weitere zehn Yards zu überbrücken. Die Offense kann im Übrigen auch weniger als die drei möglichen Versuche benötigen, um einen Raumgewinn von zehn Yards zu erspielen. Wichtig ist, sobald die Offense zehn Yards Raumgewinn verzeichnet hat, bekommt sie einen neuen ersten Versuch (sog. First Down). D. h. die Offense kann bspw. drei Yards im ersten Versuch, zwei Yards im zweiten Versuch und fünf Yards im dritten Versuch an Raumgewinn verbuchen oder aber gleich zwölf Yards im ersten Versuch.

Sobald sie mindestens zehn Yards mit maximal drei Versuchen überbrückt hat, bekommt sie drei neue Versuche. Der Raumgewinn ist deshalb so wichtig, weil der nächste Spielzug immer auf der Höhe beginnt, wo der letzte erfolgreiche Spielzug beendet wurde. Angenommen der erste Versuch startet auf der eigenen 25-Yard-Linie, also die 25-Yard-

Linie in der eigenen Hälfte. Es wird im ersten Versuch ein Raumgewinn von fünf Yards erzielt. Dann beginnt der zweite Versuch auf der Höhe der eigenen 30-Yard-Linie.

So spielt sich die Offense Yards für Yards unter Einhaltung der Regel, mindestens zehn Yards in drei Versuchen zu erzielen, immer näher an die gegnerische Endzone heran. Diese Aneinanderreihung von Versuchen wird auch Drive genannt. Ein Drive läuft so lange, bis die angreifende Mannschaft Punkte erzielt oder innerhalb von drei Versuchen weniger als zehn Yards erspielen konnte.

Erreicht die Offense mit dem Ball die gegnerische Endzone, hat sie einen Touchdown erzielt und bekommt dafür sechs Punkte. Steht die Offense weniger als zehn Yards von der gegnerischen Endzone entfernt, hat sie nur noch drei finale Versuche, um einen Touchdown zu erspielen.

Nach dem erzielten Touchdown hat Mannschaft B nun zwei Möglichkeiten. Entweder sie schickt ihre Special Teams auf das Feld und versucht einen PAT zu erzielen oder sie versucht eine Two-Point-Conversion. Bei einer Two-Point-Conversion bleibt die Offense auf dem Feld und hat genau einen Versuch, um den Ball noch einmal direkt in die gegnerische Endzone zu laufen oder zu passen, also wie bei einem Touchdown. Der PAT wird im Kapitel „Special Teams" genauer erklärt. Es sei an dieser Stelle nur so viel erwähnt, dass der PAT zwar nur einen Punkt bringt, in der Regel aber als die sichere Variante gilt und fast immer der Two-Point-Conversion vorgezogen wird.

Was aber passiert, wenn die Offense keinen Touchdown mit einem der finalen drei Versuche erzielt oder nicht mindestens zehn Yards mit drei Versuchen auf einem anderen Teil des Spielfeldes erzielt? Dann bleibt der Mannschaft B eigentlich nur noch die Möglichkeit, die Special Teams aufs Spielfeld zu schicken. Entweder für einen Punt oder um einen Field Goal Versuch auszuspielen. Zu beiden Begriffen erfolgt eine genaue Erklärung im Kapitel „Special Teams".

In aller Kürze handelt es sich bei dem Versuch eines Field Goals um den Versuch, den Ball aus entsprechender Entfernung ins Goal zu kicken. Dafür gibt es bei einem Erfolg zumindest noch drei Punkte. Bei einem Punt schießt der Punter den Ball in die Richtung der gegnerischen Endzone.

Die gegnerische Mannschaft muss von dort aus mit ihrer Offense starten. Allerdings hat die Offense auch die Möglichkeit, einen vierten Versuch auszuspielen. Sie kann versuchen, damit einen Touchdown zu erzielen oder insgesamt mit den drei Versuchen zuvor zehn Yards zu erspielen und damit einen frischen ersten Versuch bekommen.

Ein vierter Versuch wird jedoch nur selten ausgespielt, am ehesten, um einen möglichen Touchdown und unbedingt notwendige sechs Punkte zu erzielen, wenn die sichereren drei Punkte des Field Goals nicht ausreichen.

Ein vierter Versuch, um insgesamt mit den drei Versuchen zuvor zehn Yards zu überbrücken, wird nur dann ausgespielt, wenn der Raumgewinn unbedingt nötig ist – z. B. dann, wenn die Mannschaft unbedingt noch Punkte erzielen muss, um das Spiel nicht zu verlieren.

Das Risiko ist jedoch, dass die gegnerische Offense auf der Höhe des misslungenen vierten Versuchs startet. Dies kann im Zweifel noch in der eigenen Hälfte sein. Der Weg für die gegnerische Offense zur eigenen Endzone kann dann sehr kurz sein.

Die O-Line (Offensive Line)

Die Spieler der O-Line, auch „Offensive Line Men" oder „O-Liner" genannt, beschützen den Quarterback und geben ihm bei einem Passspielzug genügend Zeit, sich für die beste Anspielstation entscheiden zu können. Dies tun sie, indem sie die Spieler der gegnerischen Defense blocken. Sie dürfen dabei die gegnerischen Spieler nicht zu Boden reißen oder an ihnen zerren, sondern lediglich einen Block setzen - d. h. sie halten die gegnerische Offense auf, indem sie die Spieler von vorne an den Schultern wegdrücken.

Die O-Line wird vom Center sowie den jeweils rechts und links von ihm stehenden beiden Guards und Tackles gebildet. Sie sind die ganz schweren und dicken Jungs im Football. Die gesamte O-Line positioniert sich stets auf Höhe der Line of Scrimmage. Dies ist eine virtuelle Linie, welche auf der Höhe des ruhenden Balls parallel zur Goalline verläuft.

Sie ist bei einem Versuch also immer an der Position, an der der Ball vor Beginn eines Spielzugs liegt. Jeder Spielzug wird an dieser Linie begonnen. Wichtig ist, dass immer sieben oder mehr Spieler der Offense vor dem Beginn des Spielzuges an der Line of Scrimmage positioniert sind. Zusätzlich zu den fünf O-Linern sind das meistens der Tigth End und ein Wide Receiver. Spieler der O-Line sind nicht passberechtigt - d. h. sie dürfen nicht als Anspielstation eines Passes des Quarterbacks eingesetzt werden.

Der Center

Ein Center hat zwei Aufgaben. Er steht in der Mitte der O-Line und startet jeden Spielzug, da er der einzige Spieler ist, der zu Beginn eines Spielzugs den Ball berühren darf. Das Starten eines Spielzugs nennt man Snap. Den Ball bringt er entweder zwischen seinen Beinen hindurch in die Hände des direkt hinter ihm positionierten Quarterbacks ins Spiel oder er wirft ihn durch seine Beine zu dem etwas weiter hinter ihm stehenden Quarterback.

Sobald er den Ball ins Spiel gebracht hat, ist er dafür verantwortlich, die heranfliegenden Spieler der gegnerischen Defense daran zu hindern, den eigenen Quarterback zu erreichen. Je nachdem, wie die gegnerische Defense aufgestellt ist, steht er entweder direkt dem Nose Tackle oder dem Middle Linebacker gegenüber.

Die Guards

Die Guards haben zwei Aufgaben. Sie stehen in einer Linie rechts und links neben dem Center und tragen wie der Center Verantwortung dafür, dass die Spieler der gegnerischen Defense zum eigenen Quarterback durchdringen.

Zudem kann ein Guard bei ausgewählten Laufspielzügen schnell die Seite wechseln, dadurch als zusätzlicher Blocker eine Überzahlsituation erzeugen und so einen Vorteil für den Ballträger erzielen. Sie stehen den Defensive Ends oder den Defensive Tackles der gegnerischen Defense gegenüber.

Die Offensive Tackles

Die Offensive Tackles haben eine Aufgabe. Sie bilden links und rechts jeweils das äußere Ende der O-Line und beschützen ihren Quarterback vor den Tackles der gegnerischen Defensive Ends oder Outside Linebacker, denen sie gegenüberstehen.

Im Übrigen beschützt immer der stärkste O-Liner die Blind Side seines Quarterbacks. Bei einem rechtshändigen Quarterback ist es der Left Tackle, bei einem linkshändigen Quarterback ist es der Right Tackle.

Die Wide Receiver

Die Wide Receiver haben zwei Aufgaben. Sie stehen, bis auf wenige Ausnahmen, an den äußeren Enden der Line of Scrimmage. Sie sind passberechtigte Spieler und die Hauptanspielstationen ihres Quarterbacks bei Passspielzügen.

Ihre Hauptaufgabe ist es, sich auf ihren Routen freizulaufen, den Pass des Quarterbacks zu fangen und mit dem Ball die gegnerische Endzone zu erreichen oder so dicht wie möglich an diese zu gelangen. Sie können den Ball auch direkt in der Endzone fangen. Wide Receiver sind schlanke, schnelle und groß gewachsene Spieler. Ihnen gegenüber stehen die Cornerbacks und Safeties der gegnerischen Defense.

Der Tight End

Ein Tight End hat zwei Aufgaben. Er steht auf der Höhe der O-Line und kann wie die Spieler der O-Line gegnerische Spieler blocken, um eine Überzahl im Blocking-Schema für den Pass- oder Laufspielzug zu erzeugen. Zudem ist er ein passberechtigter Spieler und darf Pässe seines Quarterbacks fangen und verwerten wie ein Wide Receiver.

Ein Tight End ist deutlich muskulöser als ein Wide Receiver, damit er besser blocken kann. Dafür ist er meist auch langsamer als die reinen Passempfänger. Er steht hauptsächlich den Linebackern oder einem Syftey gegenüber, sucht aber gerne das Duell gegen die deutlich schwächeren Cornerbacks.

Der Running Back

Der klassische Running Back hat drei Aufgaben. Er steht meist leicht versetzt kurz vor seinem Quarterback, um von diesem den Football in die Hände gelegt zu bekommen und seiner Hauptaufgabe nachzugehen - mit dem Football in den Händen die gegnerische Endzone zu erreichen oder es zumindest zu versuchen.

Dabei ist er sehr stark auf das Blocken seiner Vorderleute, der O-Liner und des Tigth End angewiesen. Werden die Blocks nicht korrekt gesetzt, findet der Running Back keine Lücke und läuft sich früh in der gegnerischen Defense fest, anstatt sich Richtung Endzone zu bewegen.

Seine zweite Aufgabe ist das Fangen und das anschließende Verwerten der Bälle, wie es ein Wide Receiver macht, da auch er zur Gruppe der passberechtigen Spieler gehört. Die dritte Aufgabe des Running Back besteht darin, bei bestimmten Spielzügen einen Block im Blocking-Schema zu übernehmen, damit der Quarterback genug Zeit hat, seinen Pass zu werfen, selbst zu laufen oder anderweitig den Ball für einen Raumgewinn zu verwerten.

Eine weitere Variante des Running Back ist der Halfback. Er nimmt die gleichen Aufgaben wie der klassische Running Back wahr, ist jedoch anders positioniert als dieser. Er steht hinter dem Quarterback und hat dabei noch einen Fullback vor sich. Einem Runningback wie einem Halfback stehen größtenteils die Defensive Ends oder Linebacker, teilweise aber auch die Safeties der gegnerischen Defense gegenüber.

Der Fullback

Der Fullback hat drei Aufgaben. Er steht meist vor dem Halfback und hinter dem Quarterback. Vergleicht man ihn mit dem Halfback, dann ist er der große Bruder des Halfback. Seine Hauptaufgabe ist es nämlich, dem Halfback den Weg freizuräumen, damit dieser eine Lücke in der Defense findet und Raumgewinn erzielen kann. Er ist größer und kräftiger als der Halfback, dafür aber etwas schwerfälliger und weniger wendig.

Seine zweite Aufgabe ist die Hauptaufgabe des Running Back, nämlich das Balltragen. Insbesondere in Situationen, wo nur noch ein oder zwei Yards für das neue First Down fehlen, wird ein Fullback häufig als Ballträger eingesetzt, da er mit reiner Kraft die wenigen fehlenden Yards erzielen kann. Die dritte Aufgabe des Fullback stellt mittlerweile das Fangen von Pässen dar. Auch er gehört zur Gruppe der passberechtigen Spieler. Auf der Seite der gegnerischen Defense stehen dem Fullback hauptsächlich die Defensive Ends oder Linebacker gegenüber, unter Umständen auch die Safeties.

Der Quarterback

Der Quarterback ist der Spielmacher und damit der wichtigste Spieler der Offense. Er sagt die Spielzüge für die Versuche an und führt diese aus. Meist steht ein Quarterback unmittelbar hinter seinem Center und nimmt von diesem den Football entgegen. Unter Umständen steht er auch etwas weiter weg vom Center in der sogenannten Shotgun Formation. Er darf passen, den Ball laufen, diesen einem Spieler zum Laufen geben und blocken.

Der Quarterback darf mit dem Ball in seinen Händen agieren wie ein Running Back. Vorwärts passen, also den Ball werfen, darf er jedoch nur, solange er sich hinter der Line of Scrimmage befindet.

Hat er die Linie jedoch überschritten, darf er dies nicht mehr. Er darf den Ball auch einem Spieler wie dem Running Back übergeben.

Wenn ein Quarterback, der den Ball führt und die Line of Scrimmage noch nicht überschritten hat, von der Defense erfolgreich getackled wird, dann wird das als Sack bezeichnet. Ein Sack bedeutet für die Offense immer einen Raumverlust, da der nächste Versuch von der Linie aus gespielt werden muss, wo der Quarterback zu Fall gebracht wurde.

Ein guter Quarterback versucht deshalb immer den Ball loszuwerden, bevor er von der Defense attackiert wird. Jedoch muss er den Ball stets in die Nähe eines passberechtigen Spielers werfen und der Pass muss mindestens die Line of Scrimmage erreichen, da er sonst mit einer Strafe wegen Intentional Grounding bestraft wird. Im besten Fall arbeitet die O-Line so zuverlässig, dass der Quarterback erst gar nicht in die Bredouille kommt, ein Foul zu begehen oder gesackt zu werden. Der Spielmacher ist als einziger Spieler in der Offense per Funk im Helm mit den Trainern an der Seitenlinie verbunden.

Von dort bekommt er vom Head Coach oder vom Offensive Coordinator die Spielzüge angesagt. Einige

gute Quarterbacks lesen vor einem Spielzug die Aufstellung der Defense und ändern kurzfristig den Spielzug. Dies zeugt von großem Vertrauen, viel Erfahrung und großem Können. Der Quarterback muss im Übrigen bei jedem Spielzug auf die Play Clock achten. Die Offense hat nämlich nach dem Ende eines Spielzuges, spätestens nachdem der Ball von den Schiedsrichtern platziert wurde, 40 Sekunden Zeit, um den nächsten Snap zu spielen. Im Falle einer Zeitüberschreitung, die man Delay-of-Game nennt, gibt es eine Strafe von fünf Yards. Dann wird der Versuch zwar wiederholt, aber die Line of Scrimmage wird fünf Yards nach hinten verlegt, sodass die Offense fünf Yards mehr Raumgewinn erzielen muss als im Versuch davor.

DIE DEFENSE

Die Defense hat ein Ziel - die gegnerische Offense daran zu hindern, Raumgewinn oder Punkte zu erzielen. Dazu versucht sie bei jedem Versuch der gegnerischen Offense, die Pässe des Quarterbacks abzufangen (Interception), Druck auf den Quarterback aufzubauen und diesen direkt am Werfen oder

Weitergeben des Balles zu hindern (Sack) und den Ballträger zu stoppen. Sie ist in drei Gruppen unterteilt. Erstens - die Spieler der Defensive-Line, zweitens - die Linebacker und drittens - die Defensive Backs. Die D-Liner und die Linebacker bilden entweder eine 3 - 4 Formation oder eine 4 - 3 Formation.

Je nach Strategie und Ausrichtung haben die Spieler dabei verschiedene Aufgaben, die sie wahrnehmen. Auch wenn es auf den ersten Blick seltsam erscheint, hat auch die Defense Spielzüge. Der Defensive Coordinator versucht vorauszusehen, welchen Spielzug die gegnerische Offense spielen wird und sagt der Defense den passenden Gegenspielzug an, um einen Erfolg der Offense zu verhindern.

Die Defense kann sogar Punkte erzielen. Dies ist einerseits mit einem Pick Six möglich, andererseits mit einem Safety. Bei einem Pick Six fängt die Defense den Pass des gegnerischen Quarterbacks oder kommt anderweitig an den freien Ball (z. B. bei einem Fumble) und läuft mit diesem bis in die gegnerische Endzone.

Mit einem Pick Six erzielt die Defense, wie der Name eigentlich bereits verrät, sechs Punkte für ihre Mannschaft. Gelingt der Defense ein Sack in der

Endzone des Gegners, wird das als Safety bezeichnet. Wenn der gegnerische Quarterback in seiner Endzone gesacked wird, dann erzielt die Defense damit zwei Punkte für ihre Mannschaft.

Ein Safety wird eher selten erzielt. Meist kommt dieser vor, wenn eine Offense sehr nah an der eigenen Endzone starten muss und der Quarterback so weit nach hinten ausweicht, dass er bereits in der Endzone steht.

Die D-Line (Defensive Line)

Die D-Line besteht entweder aus dem Nose Tackle und zwei Defensive Ends in einer 3 - 4 Formation oder aus zwei Defensive Tackles und zwei Defensive Ends in einer 4 - 3 Formation.

Der Nose Tackle

Der Nose Tackle steht an vorderster Spitze der Defense, somit auch der Defensive Line in einer 3 - 4 Formation an der Line of Scrimmage. Er ist der schwerste Spieler der Defense und meist auch des gesamten Teams.

Mit seiner Masse und Kraft hat er nur eine einzige, aber sehr wichtige Aufgabe. Sein Ziel ist es, mindestens zwei O-Liner der gegnerischen Offense auf sich zu ziehen, damit die Linebacker oder Defensive

Tackles ihren Aufgaben nachgehen und den Quarterback unter Druck setzen können. Neben seiner Masse benötigt der Nose Tackle aber auch eine gute Technik, da er sich mit zwei Spielern auseinandersetzen muss. Dem Nose Tackle steht der Center der gegnerischen Offense gegenüber.

Die Defensive Tackles

Die Defensive Tackles haben zwei Aufgaben. Sie stehen an vorderster Spitze der Defense in einer 4 - 3 Formation an der Line of Scrimmage. Größe und Kraft sollten Defensive Tackles vereinen, da sie insbesondere den Fullback oder Running Back der gegnerischen Offense aufhalten müssen. Gute Defensive Tackles können sogar den Quarterback unter Druck setzen. Zudem müssen sie sich gut gegen die gegnerischen O-Liner wehren können, damit diese sie nicht Blocken und den Weg für den Ballträger freimachen können.

Die Defensive Ends

Die Defensive Ends haben zwei Aufgaben. Sie können sowohl in einer 3 - 4 Formation als auch in einer 4 - 3 Formation eingesetzt werden. Je nach Formation sind auf eine der beiden Aufgaben spezialisiert. Werden die Defensive Ends in einer 3 - 4 Formation

eingesetzt, stehen sie zur rechten und zur linken Seite des Nose Tackle' in einer Reihe mit diesem und bilden mit ihm die D-Line.

Ihre Hauptaufgabe in dieser Aufstellung ist es zu verhindern, dass die gegnerische O-Line den Weg für ihren Ballträger freiblockt. Daher wird in dieser Formation eher auf kräftige Spieler gesetzt. Mitunter können aber auch die kräftigen Defensive Ends den gegnerischen Quarterback unter Druck setzen.

In einer 4 - 3 Formation stehen die Defensive Ends links bzw. rechts von den Defensive Tackles und bilden dort die äußere Begrenzung der D-Line. Ihre Hauptaufgabe in dieser Aufstellung besteht darin, ihrer Schnelligkeit und Agilität zu nutzen, um mindestens Druck auf den gegnerischen Quarterback auszuüben oder ihn im besten Fall zu tacklen oder zu sacken.

Die Linebacker

Die Linebacker stellen die mittlere Verteidigungsreihe dar und stehen hinter der D-Line, daher auch der Name Linebacker. In einer 3 - 4 Formation werden zwei Inside Linebacker und zwei Outside Linebacker aufgestellt, eine 4 - 3 Formation wird mit einem Middle Linebacker und zwei Outside

Linebackern gebildet.

Die Inside Linebacker

Die Inside Linebacker haben drei Aufgaben. Sie werden in einer 3 - 4 Formation eingesetzt und stehen links und rechts ein Stück hinter dem Nose Tackle auf Lücke zu den Defensive Ends.

Gute Inside Linebacker sind mit einer guten Agilität und guter Physis ausgestattet, da sie möglichst schnell Druck auf den gegnerischen Quarterback ausüben wollen und diesen sacken oder zumindest zu einem unsicheren Pass zwingen wollen.

Diese Taktik der Inside Linebacker wird auch Pass Rush genannt. Der Weg der Inside Linebacker bei einem Pass Rush führt jeweils durch die Lücke zwischen dem Nose Tackle und den Defensive Ends, daher Aufstellung auf Lücke.

Eine weitere Aufgabe der Inside Linebacker ist die Unterbindung des gegnerischen Laufspiels, indem sie den gegnerischen Ballträger tacklen, sofern dieser bis zu ihnen durchdringt. Bei Passspielzügen können die Inside Linebacker anstelle eines Pass Rushs auch in der Abdeckung von Passempfängern, insbesondere des gegnerischen Tigth Ends eingesetzt werden.

Der Middle Linebacker

Der Middle Linerbacker hat zwei sehr wichtige Aufgaben. Er ist der Anführer der Defense in einer 4 - 3-Formation und sagt die Spielzüge der Defense an. Dazu ist er der einzige Spieler der Defense, der per Funk im Helm mit den Trainern an der Seitenlinie verbunden ist. Von dort bekommt er vom Head Coach oder vom Defensive Coordinator die Spielzüge angesagt.

Sein Platz ist einige Yards hinter der D-Line auf Lücke zu den Defense Tackles. Ihm gegenüber stehen der gegnerische Center und in verlängerter Linie der hinter diesem aufgestellte gegnerische Quarterback. Neben der Rolle des Anführers muss der Middle Linebacker auch noch auf den gegnerischen Quarterback aufpassen. Damit dieser den Ball nicht selbst läuft und Raumgewinn erzielt, muss der Middle Linebackers den Quarterback stoppen, falls dieser mit dem Ball losläuft. Darüber hinaus stoppt der Middle Linebacker auch jeden anderen Ballträger und lässt diesen nicht einfach an sich vorbeilaufen.

Die Outside Linebacker

Die Outside Linebacker haben zwei Aufgaben. Je nachdem, in welcher Formation sie eingesetzt werden, legen sie den Fokus auf die eine oder die andere Aufgabe. In einer 4 - 3 Formation stehen die Outside Linebacker auf der Höhe des Middle Linebackers und etwas weiter zu den Außenlinien positioniert als die Defensive Ends an der Line of Scrimmage.

In dieser Formation spricht man auch vom Strongside Linebacker und vom Weakside Linebacker. Ihre Hauptaufgabe ist es, den gegnerischen Ballträger zu stoppen und somit das gegnerische Laufspiel zu unterbinden.

Der Strongside Linebacker stellt sich immer gegenüber des gegnerischen Tigth Ends auf, also auf der Seite, wo die gegnerische Offense stärker aufgestellt ist. Er ist der physischere und kräftigere Outside Linebacker in dieser Aufstellung, da er bei Bedarf den gegnerischen Tigth End aufhalten muss.

Der Weakside Linebacker steht der schwächeren Seite der gegnerischen Offense gegenüber. Seine Aufgabe ist es, zusätzlich Druck auf den Quarterback aufzubauen oder diesen sogar zu sacken. Daher ist er der agilere und schnellere Outside Linebacker in der 4 - 3 Formation. Ist die Defense in einer 3 - 4 Formation aufgestellt, dann befinden sich die Outside Linebacker auf der Höhe der Inside Linebacker und etwas weiter zu den Außenlinien positioniert als die Defensive Ends an der Line of Scrimmage.

In dieser Aufstellung konzentrieren sich die Outside Linebacker in erster Linie darauf, den Quarterback zu jagen. Sie sind schnell und agil, um so schnell wie möglich zum Quarterback zu gelangen und diesen zu sacken. Bei Laufspielzügen der gegnerischen Offense über die eigene Seite stoppen die Outside Linebacker auch in dieser Aufstellung den gegnerischen Ballträger.

DIE DEFENSIVE BACKS

Die Cornerbacks

Die Cornerbacks haben eine wichtige Aufgabe. Sie stehen auf der rechten und der linken Seite an den Außenlinien nah zur Line of Scrimmage und dort den beiden gegnerischen Wide Receivern gegenüber.

Sie müssen verhindern, dass der Pass des gegnerischen Quarterbacks von dessen Wide Receivern gefangen wird. Dafür müssen sie nicht nur die Bewegungen der gegnerischen Passempfänger genau im

Blick behalten, sondern auch ein gutes Gespür dafür haben, was die Wide Receiver vorhaben. Die beste Art der Passverteidigung für einen Cornerback ist im Übrigen, gegen den Ball zu spielen und nicht gegen den Wide Receiver.

Dies funktioniert bspw., indem er den Ball vor dem gegnerischen Wide Receiver berührt und den Ball damit unfangbar macht oder den Ball abfängt. In eindeutigen Passsituationen kann in der Defense ein Linebacker gegen einen dritten Cornerback ausgetauscht werden. Dieser zusätzliche Cornerback wird auch Nickel Back genannt und verteidigt den in der gegnerischen Offense zusätzlich aufgestellten Wide Receiver.

Der Strong Safety

Der Strong Safety hat zwei Aufgaben. Er steht hinter den Linebackern und dem gegnerischen Tigth End gegenüber. Wenn sich die Linebacker auf das Quarterbackjagen konzentrieren, verteidigt er den Tigth End, vor allem bei Passspielzügen der gegnerischen Offense.

Ein Strong Safety kann aber auch dazu eingesetzt werden, um zusätzlich Druck auf den Quarterback auszuüben. Allerdings fehlt er dann im Backfield, da er sich aktiv auf den Quarterback zu bewegt und nicht mehr im hinteren Teil des Feldes zur Verteidigung zur Verfügung steht. Eine gute Physis und ausreichend Kraft zeichnen den Strong Safety aus, um seine Aufgaben effektiv auszuführen.

Der Free Safety
Der Free Safety ist die letzte Bastion der Verteidigung. Er steht zu Beginn eines Spielzuges am weitesten vom Ball entfernt und läuft dahin, wo der Ball hinfliegt oder hingelaufen wird. Größtenteils unterstützt der Free Safety seine Cornerbacks bei der Verteidigung der gegnerischen Wide Receiver.

DIE SPECIAL TEAMS

Die Special Teams kommen nur für vier Situationen auf das Spielfeld. Für einen PAT, für ein Field Goal, für einen Punt oder für einen Kick Off.

Der PAT
Der PAT, Point after Touchdown, erfolgt nach einem Touchdown. Dafür verlassen die Offense und die Defense das Feld und die Special Teams treten auf den Plan. Die Mannschaft, die den Touchdown erzielt hat, hat nun die Möglichkeit, mit einem Kick den Ball

durch das gegnerische Goal zu schießen. Dazu wird der Football an die 15-Yard-Linie gelegt. Der Ball wird in diesem Fall nicht von einem Center ins Spiel gebracht, sondern vom Long Snapper.

Dieser bringt den Ball durch einen Wurf durch die Beine zum Holder ins Spiel. Die besondere Schwierigkeit des Long Snappers ist die Länge des Wurfs durch die Beine. Dieser muss sehr genau und schnell erfolgen. Der Holder steht in einigem Abstand hinter dem Long Snapper.

Er fängt den Ball und stellt ihn mit der einen Spitze nach unten und der anderen nach oben auf den Boden. Die obere Spitze hält er mit einem Finger fest, sodass der Ball steht. Beim Aufstellen des Balles muss der Holder darauf achten, dass die Naht des Balles weg vom Kicker, am besten in Richtung des gegnerischen Goals zeigt.

Dies ist notwendig, damit der Kicker den Ball kontrolliert schießen kann. Trifft der Fuß des Kickers auf die Naht, kann es passieren, dass der Football nicht in die richtige Richtung oder zu weit in die anvisierte Richtung fliegt und das Goal verfehlt. Der Kicker steht leicht links oder leicht rechts versetzt und einige Yards von der Stelle entfernt, wo der

Holder den Ball aufstellt. Mit etwas Anlauf versucht der Kicker den Ball ins Goal zu schießen. Links und rechts neben dem Long Snapper stehen die übrigen Spieler der Formation in einer Reihe.

Sie hindern die Spieler des gegnerischen Special Teams daran, den Ball zu erreichen, bevor der Kicker diesen geschossen hat, denn das ist die einzige Aufgabe des gegnerischen Special Teams. Sie wollen verhindern, dass der Kicker den Ball schießt. Dafür müssen sie sehr schnell sein, da sie ansonsten Gefahr laufen, eine Strafe zu kassieren, wenn sie den Kicker berühren und der Ball bereits in der Luft ist. Nach einem PAT erfolgt immer ein Kick Off.

Das Field Goal

Das Field Goal oder besser gesagt ein Field Goal Versuch erfolgt immer dann, wenn die Offense in drei Versuchen keine zehn Yards überbrücken konnte, doch in ausreichender Entfernung zum gegnerischen Goal stehen. Dann wird im vierten Versuch ein Field Goal Versuch durchgeführt.

Ein Field Goal Versuch läuft in der Durchführung genauso ab wie ein PAT. Der Unterschied ist der Startpunkt beim Field Goal Versuch. Im Gegensatz zum PAT startet dieser an der Linie, bis zu der die Offense mit ihrem letzten Versuch Raumgewinn erzielt oder aber auch Raumverlust erlitten hat. Die Länge eines solchen Kicks kann bis zu 50 Yards oder sogar mehr betragen. Das offiziell längste Field Goal der NFL war bspw. 64 Yards lang.

Der Punt

Der Punt erfolgt immer dann, wenn die Offense in drei Versuchen keine zehn Yards überbrücken konnte und die Entfernung für einen Field Goal Versuch zu groß ist. Der Ablauf ist ähnlich dem des PAT und des Field Goal Versuchs. Es gibt jedoch keinen Holder und auch der Kicker steht nicht auf dem Feld. Der Long Snapper steht in der Mitte und bringt auch hier den Football durch seine Beine ins Spiel. Alle übrigen Spieler des eigenen Special Teams stehen in einer Linie mit dem Long Snapper, bis auf den Punter. An beiden Seiten stehen ganz außen die Gunner. Ihre Aufgabe ist es, beim Snap sofort in die Richtung der gegnerischen Endzone zu laufen und dort den gegnerischen Punt Returner zu tacklen.

Der Punter steht mit genug Abstand hinter dem Long Snapper und fängt den Snap. Er hat die Aufgabe, den Ball aus der Hand so dicht wie möglich an die gegnerische Endzone zu schießen. Während-

dessen wird er von den übrigen Spielern, abgesehen von den Gunnern, beschützt. Gelingt es ihm, den Ball ins Seitenaus zu schießen, dann muss die gegnerische Offense ihren nächsten Drive auf dieser Höhe starten. Berührt der Ball die gegnerische Endzone oder geht darüber hinaus, wird von einem Touchback gesprochen.

Die gegnerische Offense startet dann ihren nächsten Drive an ihrer 20-Yard-Linie. Es kann jedoch auch passieren, dass der gegnerische Punt Returner den Ball fängt. Im besten Fall wird er dann von den Gunnern oder den übrigen Spielern gestoppt, denn die Aufgabe des Punt Returners ist es, mit dem gefangenen Ball soweit wie möglich weg von seiner eigenen Endzone in die Richtung der aus seiner Sicht gegnerischen Endzone zu laufen. Gelingt es ihm, mit dem gefangenen Ball in die Endzone des Gegners zu laufen, dann erzielt er einen Punt Return Touchdown und somit sechs Punkte für seine Mannschaft.

Seine übrigen Mitspieler versuchen erst den Punt zu blocken und, wenn der Punt Returner den Ball fängt, ihm durch Blocken der gegnerischen Spieler so viel Platz wie möglich für einen großen

Raumgewinn zu geben. Sieht der Punt Returner keine Möglichkeit einen Raumgewinn zu erzielen, so kann er einen Fair Catch anzeigen.

Dazu schwenkt er, bevor er den Ball fängt, seinen Arm über dem Kopf und darf dann nicht mehr getackled werden. Er darf dann jedoch auch keinen Raumgewinn mehr erzielen. Ein Fair Catch wird meist dann angezeigt, wenn die Gunner den Punt Returner bereits oder fast erreicht haben.

Der Kick Off

Der Kick Off erfolgt zu Beginn jeder Halbzeit und der Overtime nach jedem PAT, nach jeder Two-Point-Conversion und nach jedem Field Goal – egal, ob diese erfolgreich waren oder nicht. Dazu wird der Ball mit einem Kick von der eigenen 35-Yard-Linie ins Spiel gebracht.

Der Kicker der Mannschaft, der bis dahin in Ballbesitz war, schießt den Ball von einer kleinen Halterung, dem Kicking Tee, in die Richtung der gegnerischen Endzone. Die eigenen Spieler des Kicking Teams stehen in einer Reihe leicht hinter dem Kicker, da sie diesen erst überholen dürfen, wenn der Ball in der Luft ist. Berührt der Ball die Endzone des Gegners, gibt es einen Touchback.

Daraufhin startet die gegnerische Offense ihren nächsten Drive an ihrer 25-Yard-Linie. Ebenfalls einen Touchback gibt es, wenn ein Spieler der ballempfangenden Mannschaft, dem Receiving Team, den Ball in der Endzone fängt, mit dem Ball nicht aus der Endzone läuft und mit dem Knie den Boden berührt. Dies kann entweder durch eigenes Abknien oder durch ein Tackle geschehen.

Unter Abknien wird das bewusste und aktive Hinknien, also Berühren des Bodens mit mindestens einem Knie, verstanden. Fängt ein Spieler des Receiving Teams, meist der Kick Off Returner, den Ball auf dem Spielfeld, aber außerhalb der eigenen Endzone, dann gibt es zwei Möglichkeiten. Er signalisiert vor dem Fangen des Balles einen Fair Catch und erzielt keinen weiteren Raumgewinn, darf dafür aber auch nicht mehr getackled werden.

Er läuft mit dem Ball in die Richtung der Endzone des Kicking Teams und versucht so viel Raumgewinn wie möglich zu erzielen oder gar in die Endzone zu laufen. Schafft er es in die gegnerische Endzone, dann erzielt er damit sechs Punkte für seine Mannschaft. Andernfalls startet die Offense seiner Mannschaft auf der Höhe, bis zu der er Raumgewinn

erzielt hat. Bei einem Kick Off gibt es noch die Beson-
derheit des Onside Kicks. Bei einem Onside Kick versucht der Kicker den Ball nicht in die gegnerische
Endzone oder darüber hinaus zu schießen und einen
Touchback zu verursachen. Der Kicker versucht viel-
mehr vorsichtig den Ball in Richtung einer Seitenauslinie zu schießen. Nachdem der Ball zehn Yards
Raum überbrückt hat, ist dieser nämlich für beide
Teams frei.

Seine Mitspieler können also versuchen, den
Ball vor den Spielern des Receiving Teams und bevor
er ins Seitenaus geht, zu fangen. Gelingt ihnen das,
startet ihre eigene Offense direkt auf der Höhe, an
der der Ball zurückerobert wurde. Meist wird ein
Onside Kick durchgeführt, wenn einer Mannschaft
kurz vor Ende der Spielzeit die entscheidenden
Punkte fehlen und sie schnell wieder in Ballbesitz
kommen möchte.

Geht der Ball bei einem Onside Kick ohne eine
Spielerberührung ins Seitenaus, gibt es eine Strafe
von fünf Yards und der Kick Off wird wiederholt.
Landet auch der zweite Onside Kick im Seitenaus
ohne berührt worden zu sein, bekommt die Offense
des Receiving Teams den Ball auf der Höhe, an der

der Ball das zweite Mal ins Seitenaus ging. Geht der Ball bei einem normalen Kick Off über eine Seitenlinie ins Aus, ohne Berührung eines Spielers, ist das auch ein Foul. In diesem Fall startet die Offense der ballempfangenden Mannschaft ihren Drive an der eigenen 35-Yard-Linie. Alternativ jedoch an der Stelle, an der der Ball ins Aus gegangen ist, sofern diese Stelle näher an der Endzone des Kicking Teams ist. Berührt ein Spieler des Receiving Teams den Ball, bevor er ins Aus geht, erhält die Offense auf dieser Höhe den Ball.

DIE SCHIEDSRICHTER

Im American Football gibt es bis zu sieben Schiedsrichter. Der Hauptschiedsrichter trägt ein weißes Basecap, alle anderen Schiedsrichter tragen ein schwarzes Basecap. Daher wird der Hauptschiedsrichter auch White Head genannt, im Fachjargon wird er als Referee bezeichnet.

Er trifft alle finalen Entscheidungen und verkündet diese per Handzeichen oder Mikrofon. Jeder Schiedsrichter hat auf dem Feld seine speziellen Aufgaben, sodass alle Teile des Spielfeldes und der

Spieler abgedeckt sind und stets eine regelkonforme Entscheidung getroffen werden kann.

Alle Schiedsrichter sind mit einer kleinen gelben Flagge ausgerüstet. Dies ist ein kleines Gewicht, welches von einem Stück Stoff umwickelt ist. Das Gewicht kann aus Reis oder Bohnen bestehen und sorgt für eine bessere Werfbarkeit der Flagge. Mit der Flagge werden Fouls angezeigt und gleichzeitig wird der Ort des Fouls auf dem Spielfeld markiert.

Der Referee und die Schiedsrichter können in Absprache zur Überprüfung unklarer Situationen auch einen Videobeweis anfordern und sich den letzten Spielzug noch einmal anschauen. Je nach Liga stehen ihnen bei einem Videobeweis mehr oder weniger Kameraeinstellungen und –positionen zur Verfügung. Jeder Spielzug, der mit Punkten endet und jeder Wechsel des Angriffsrechts wie ein Fumble oder eine Interception muss durch die Schiedsrichter per Video überprüft werden.

Unter Umständen kann es Minuten dauern, bis eine Entscheidung bestätigt wird oder sogar zurückgenommen wird. Dabei gilt, dass die Entscheidung der Schiedsrichter erst einmal gilt. Kann bei einem Videobeweis eindeutig belegt werden, dass die Entscheidung falsch war, wird sie revidiert. Gibt es Zweifel, ob bspw. ein Spieler bereits im Aus war und es gibt keinen eindeutigen Beweis, so bleibt die Entscheidung, die direkt nach dem Spielzug gefällt wurde, bestehen.

Die Chain Gang

Die Chain Gang sind zwei weitere Mitglieder des Schiedsrichterstabs. Sie halten je eine lange Stange senkrecht in der Hand und markieren damit an der Seitenlinie den zehn Yards Raumgewinn, die eine Offense mit ihren drei Versuchen erzielen muss, um ein neues First Down zu bekommen.

Dazu steht die eine Person auf der Höhe, wo der erste Versuch beginnt. Die andere Person steht zehn Yards weiter. Die mit einer orangefarbenen Flagge markierten Stangen sind dazu mit einer exakt zehn Yards langen Kette verbunden. Daher stammt auch die Bezeichnung Chain Gang.

Bei strittigen Spielsituationen, wenn etwa nicht klar erkennbar ist, ob die zehn Yards Raumgewinn wirklich erzielt wurden, kommt die Chain Gang sogar auf dem Spielfeld zum Einsatz. Dann wird nämlich mit der Kette zwischen den Stäben gemessen, ob von der Linie des ersten Versuchs bis zum Ende des dritten Versuchs tatsächlich zehn Yards Raumgewinn erzielt wurden. Dabei kann es wirklich um wenige Zentimeter gehen.

DIE TRAINER

In den Profiligen gibt es für beinahe jeden Mannschaftsteil und jede Spielerposition einen Trainer.

Der Head Coach
An der Spitze und verantwortlich für den Gesamterfolg der Mannschaft steht der Head Coach. Er ist mitverantwortlich für die Rekrutierung von Spielern, stellt den Game Plan auf und sagt auch Spielzüge an. Er entscheidet meist über PAT's, Two-Point-Conversions, das Ausspielen von vierten Versuchen und andere schwierige Situationen.

Er kann mit Time Outs die Spielzeit anhalten. Davon hat jede Mannschaft drei Stück pro Halbzeit zur Verfügung. Diese werden vom Head Coach und teilweise auch vom Quarterback angezeigt, indem mit beiden Händen ein T symbolisiert wird. Dies kann der eigenen Offense mehr Zeit zum Aufstellen geben und der Spielzug kann nochmal geändert werden.

Ein Time Out kann auch dann eingesetzt werden, wenn die gegnerische Offense kurz vor Ende des Spiels auf dem Feld steht und man verhindern will, dass diese die Spielzeit herunterlaufen lässt. Der Head Coach hat zudem zweimal pro Spiel die Möglichkeit einen Videobeweis zu fordern, wenn er mit einer Entscheidung der Schiedsrichter nicht einverstanden ist.

Diese Challenge signalisiert er durch das Werfen einer roten Flagge. Der Head Coach kann nicht gezielt eine andere bestimmte Entscheidung erzwingen. Die Schiedsrichter überprüfen dann ihre eigene Entscheidung. Wenn sie ihre Entscheidung revidieren, müssen sie eine neue Entscheidung fällen. Welche, das obliegt den Schiedsrichtern, darauf hat der Head Coach also keinen Einfluss.

Bleibt eine Entscheidung bestehen, wird der Mannschaft ein Time Out abgezogen. Hat die Mannschaft kein Time Out mehr, darf sie auch keinen Videobeweis fordern. Ebenso darf sie grundsätzlich innerhalb der letzten zwei Minuten einer Halbzeit keinen Challenge fordern.

Wird eine Entscheidung revidiert, behält die Mannschaft ihre ausstehenden Time Outs. Wenn ein

Team zweimal einen Videobeweis fordert und die Entscheidung revidiert wird, bekommt es eine finale dritte Challenge zugesprochen.

Zudem kann der Headcoach bei manchen Fouls der gegnerischen Mannschaft entscheiden, ob er die Strafe zum Vorteil seiner Mannschaft annehmen möchte oder lieber das Resultat des Spielzuges annimmt. Ein Foul der Defense wird bspw. bei Punkten der Offense grundsätzlich abgelehnt. Wenn eine Strafe für den Gegner jedoch mehr eigenen Raumgewinn oder mehr zu überbrückenden Raum für den Gegner bedeutet, werden die Strafen fast ausnahmslos angenommen.

Außerhalb der Spiele kontrolliert der Head Coach die Arbeit seines Trainerstabs und seiner Spieler. Er ist auch für das Gesamtkonzept und die Ausrichtung der Mannschaft verantwortlich. Ein Head Coach muss über Jahre hinweg schlechte Leistungen mit seinem Team auf dem Spielfeld zeigen, bis er entlassen wird. Dem Head Coach unterstehen in direkter Linie die Trainer der drei großen Mannschaftsteile. Das sind der Offensive Coordinator, der Defensive Coordinator und der Special Teams Coordinator.

Der Offensive Coordinator

Der Offensive Coordinator ist für das Funktionieren der Offense verantwortlich. Er gibt vor, welches System gespielt wird, er sagt die Spielzüge an und leitet das Training der Offense. Zusammen mit dem Head Coach erarbeitet er den Game Plan der Offense und stellt die Offense für jedes Spiel neu auf die gegnerische Defense ein.

Eine schlechte Offense wird nicht selten dem Offensive Coordinator angekreidet, welcher dann auch häufiger ausgetauscht wird als ein Head Coach. Unter dem Offensive Coordinator stehen die Assistenztrainer der Offense.

Sie sind auf die verschiedenen Positionen der Offense spezialisiert und trainieren diese. So gibt es einen Quarterback Coach, einen Receiver Coach, einen Running Back Coach, einen Tigth End Coach und einen O-Line Coach. Bei Misserfolg werden diese Positionen recht schnell neu besetzt.

Der Defensive Coordinator

Der Defensive Coordinator ist für das Funktionieren der Defense verantwortlich. Er gibt vor, welches System gespielt wird, er sagt die Spielzüge an und leitet das Training der Defense. Zusammen mit dem Head

Coach erarbeitet er den Game Plan der Defense und stellt die Defense für jedes Spiel neu auf die gegnerische Offense ein.

Eine schlechte Defense wird nicht selten dem Defensive Coordinator angekreidet, welcher dann auch häufiger ausgetauscht wird als ein Head Coach. Unter dem Defensive Coordinator stehen die Assistenztrainer der Defense.

Sie sind auf die verschiedenen Positionen der Defense spezialisiert und trainieren diese. So gibt es einen D-Line Coach, einen Linebacker Coach, einen Cornerback Coach und einen Safety Coach. Teilweise werden die Cornerbacks und die Safeties auch von einem Secondary Coach zusammen trainiert. Bei Misserfolg werden diese Positionen recht schnell neu besetzt.

Der Special Teams Coordinator

Der Special Teams Coordinator ist für das Funktionieren der Special Teams verantwortlich. Er gibt vor, welches System gespielt wird und leitet das Training der Special Teams.

Er trainiert mit den Special Teams deren Hauptaufgaben, also den PAT und das Field Goal sowie den Punt und den Kick Off. Der PAT und das Field Goal werden jeweils aus Sicht der punkterzielenden Mannschaft als auch der punkteverhindernden Mannschaft einstudiert. Der Punt und der Kick Off werden jeweils aus Sicht des Receiving Teams und des Kicking Teams trainiert.

Der Special Teams Coordinator bleibt meist unauffällig, wenngleich Special Teams mit Big Plays Spiele entscheiden können. Für einen Punt Return oder Kick Off Return erntet jedoch eher der entsprechende Returner die Lorbeeren, ebenso wie der Kicker bei einem langen Field Goal. Andererseits werden den Special Teams Coordinator schlechte Special Teams nicht so schnell zur Last gelegt. Fehlkicks werden bspw. dem Kicker deutlich mehr zugeschrieben, als dem Special Teams Coordinator ein schlecht trainiertes Special Team zugeschrieben wird.

Neben dem Offensive Coordinator, dem Defensive Coordinator, dem Special Teams Coordinator und ihren Assistenztrainern besteht der Trainerstab unter Umständen noch aus Fitness- und Mentaltrainern. Darüber hinaus stehen an der Seitenlinie eines Spielfeldes auch die Physiotherapeuten, Psychologen und sonstigen Mitarbeiter jeder Mannschaft.

Von der Theorie zu Praxis

Nachdem soweit alle an einem Footballspiel beteiligten Personen vorgestellt wurden, wird im letzten Teil dieses Textes ein Einblick in den Ablauf eins Spiels gegeben und die häufig auftretenden Fouls und ihre Strafen erläutert.

DAS SPIEL BEGINNT

Beim Football stehen sich abwechselnd die Offense und die Defense der Mannschaften gegenüber und versuchen Punkte zu erzielen oder das Erzielen von Punkten zu verhindern. Dazwischen treten sich die Special Teams in den entsprechenden Situationen gegenüber. Der Coin Toss erfolgt und das Spiel beginnt.

Ein Spiel besteht im Übrigen immer aus vier Vierteln zu je 15 Minuten. Die ersten beiden Viertel und die letzten beiden Viertel ergeben je eine Halbzeit. Zum Ende eines jeden Viertels werden die Seiten gewechselt, sodass jedes Team zwei Viertel lang in beide Richtungen spielt. Zu Beginn eines Viertels wird die Spielzeit auf 15 Minuten gestellt und läuft runter.

Jeweils zwei Minuten vor Ende einer Halbzeit gibt es das Two-Minute-Warning. Dies ist eine Unterbrechung des Spiels. Während dieser Unterbrechung wird die Spielzeit gestoppt. Mit ihr wird das kurz bevorstehende Ende einer Halbzeit verkündet. Die Spielzeit wird zudem bei den folgenden Situationen angehalten: Bei einem Time Out der Mannschaften oder einem Medical Time Out der Schiedsrichter, bei einem nicht gefangenen Pass oder wenn ein Spieler mit Ballkontrolle das Spielfeld verlässt, nach erzielten Punkten, nach jedem Kick Off und teilweise bei Strafen. Für jeden Spielzug haben die Offense und auch die Special Teams 40 Sekunden Zeit.

Danach muss spätestens der Snap erfolgen. Ist der Snap erfolgt, läuft der Spielzug so lange, wie er läuft. Auch wenn die Spielzeit mit dem Snap auf null steht, wird der letzte Spielzug noch komplett ausgespielt, bis er beendet ist. Ein Spielzug wird nicht durch ein Foul unterbrochen. Er kann auch nicht durch ein Time Out unterbrochen werden. Die Beachtung der Play Clock und das Verhindern eine Delay-of-Game Strafe gehören, wie bereits erwähnt, zu den Aufgaben des Quarterbacks. Die Play Clock wird auf deutlich sichtbaren, jeweils hinter den Endzonen aufgestellten LED-Tafeln angezeigt und ist somit für jede Person auf dem Spielfeld und im Stadion erkennbar.

Das Thema Clock Management ist ein sehr wichtiges Thema im American Football. Grundsätzlich versucht die Offense viel Zeit zu verbrauchen, indem sie die 40 Sekunden pro Versuch möglichst ausreizt. Dadurch gibt sie den deutlich schweren Spielern ihrer Defense Zeit, damit diese sich erholen können. Zusätzlich steht die gegnerische Offense in der Zeit nicht auf dem Spielfeld und kann somit keine Punkte erzielen. Man sagt, dass es die beste Verteidigung gegen die besten Quarterbacks und ihre Offense ist, wenn die eigene Offense auf dem Spielfeld steht und Zeit von der Uhr nimmt.

Diese Taktik funktioniert allerdings nur, solange das Spiel von den Punkten her ausgeglichen ist oder die eigene Mannschaft in Führung liegt. Liegt die eigene Mannschaft hingegen zurück, empfiehlt es sich, zügig mit der Offense über das Feld zu gehen und nicht 40 Sekunden bis zu jedem Spielzug zu verschwenden. Dabei muss jedoch immer abgewogen werden, dass die eigene Defense Zeit zum Verschnaufen benötigt, aber insgesamt noch genügend Spiel vorhanden sein muss, um den Rückstand aufzuholen.

Dazu wird im Training die No-Huddle Offense trainiert. Normalerweise stellt sich die Offense, bevor sie sich zu einem Spielzug aufstellt, im Kreis um den Quarterback und hört sich den kommenden Spielzug an. Dieses Aufstellen im Kreis um den Spielmacher nennt sich Huddle. In der No-Huddle Offense verzichtet die Offense auf das Huddle und der Spielzug wird vom Quarterback an der Linie laut angesagt.

Das spart bei jedem Spielzug deutlich Zeit. Je lauter es im Stadion ist, desto schwieriger ist diese Vorgehensweise jedoch.

Daher hat die Heimmannschaft dahingehend meist einen Vorteil, da die eigenen Fans leise sind, wenn die eigene Offense gerade spielt, aber sehr viel Lärm machen, wenn die gegnerische Offense spielt. Eine gute No-Huddle Offense muss folglich sehr gut eingespielt sein.

Ein weiteres effektives Mittel, um die Spielzeit anzuhalten, ist bei Spielzügen vermehrt auf Passspielzüge zu setzen und den Receiver vor einem Tackle ins Seitenaus laufen zu lassen. Denn das hält die Spielzeit an und verschafft so mehr verbleibende Spielzeit, um Raumgewinn und Punkte zu erzielen. Bei Laufspielzügen hingegen läuft die Spielzeit immer weiter, da der Ballträger fast immer im Feld getackled und zu Boden gebracht wird. Wenn dieser das Seitenaus erreicht, hält die Spielzeit allerdings auch an. Es gibt noch weitere Mittel des Clock Managements. Diese werden zum Ende des Spiels erklärt,

wenn es teilweise nur noch um Sekunden geht. Zurück zum Spiel. Der Coin-Toss ist erfolgt, die Special
Teams beider Mannschaften stehen auf dem Feld
und der Kick-Off wird ausgeführt. Mannschaft A
führt den Kick Off aus und Mannschaft B empfängt
den Ball. Der Kick Off Returner fängt den Ball in der
eigenen Endzone und kniet ab.

Es gibt einen Touchback und Mannschaft B beginnt mit ihrer Offense an der eigenen 25-Yard-Li-
nie. Die Defense von Mannschaft A tritt ihr gegenüber. Nun bekommt der Quarterback den ersten
Spielzug von seinem Offensive Coordinator per Funk
im Helm angesagt und gibt diesen an seine Mitspieler im Huddle weiter. Jedes Team hat für die verschiedenen Spielzüge seine eigenen Bezeichnungen.
So weiß die gegnerische Defense nicht, was die Offense spielen wird, selbst wenn sie die Ansage des
Quarterbacks hört.

Die Offense stellt sich auf und wird einen Laufspielzug durchführen. Die Defense von Mannschaft A
stellt sich gegenüber auf und bereitet sich auf einen
Laufspielzug vor, da sie diesen erwartet. Die Play
Clock zeigt noch drei Sekunden an und der Snap
durch den Center erfolgt. Wichtig ist hier, dass alle

Spieler der Offense vor dem Snap eine Sekunde in Ruhe verharren müssen.

Tun sie dies nicht, bekommen sie eine Strafe. Der Quarterback erhält den Ball und gibt diesen sofort an seinen Runningback weiter. Dieser hält den Ball sicher fest, überquert die Line of Scrimmage, in diesem Fall liegt diese an der 25-Yards-Linie, und wird an der 28-Yards-Linie getackled und zu Boden gebracht. Ausschlaggebend für den erzielten Raumgewinn ist die Position des Balles in dem Moment, wenn ein anderes Körperteil als die Hände und Füße des Ballträgers den Boden berühren. In diesem Moment gilt der Spielzug als beendet, da der Ballträger erfolgreich zu Boden gebracht wurde.

In diesem Beispiel war der Ball auf Höhe der 29-Yard-Linie, als der Ballträger an der 28-Yard-Linie getackled wurde. Da der Spieler den Arm mit dem Ball nach vorne gestreckt hatte, als sein Knie durch das Tackle der Defense den Boden berührte, konnte er einen weiteren Yard Raumgewinn erzielen, da die Position des Balles entscheidend ist. Der Ball wird von den Schiedsrichtern nun an der 29-Yard-Linie neu positioniert. Die Spielzeit läuft im Übrigen seit dem Snap ununterbrochen weiter. Die Offense geht nun wieder ins Huddle, holt sich den nächsten Spielzug und stellt sich auf.

Diesmal erfolgt ein Passspielzug. Kurz vor dem Snap bewegt sich nun ein Receiver parallel zur Line of Scrimmage von der rechten Seite des Spielfeldes zur Mitte und wieder zurück. Dieser Spieler wird Man in Motion genannt. Erlaubt ist nämlich, dass sich ein Spieler der Offense bewegen darf, aber nur parallel zur Line of Scrimmage oder von ihr weg. Während der Bewegung des Man in Motion darf der Snap gespielt werden. Die Taktik des sich bewegenden Spielers wird angewandt, um der Defense die Zuordnung beim Blocken zu erschweren.

Grundsätzlich ist bei einem Snap immer eine hohe Disziplin gefragt, von beiden Seiten. Denn unmittelbar vor einem Snap können einige Fouls begangen und Strafen verursacht werden. Die Spieler der Defense dürfen sich zwar bewegen und bspw. auf den Man in Motion reagieren oder zum Blitzen ansetzen, aber eine Sache müssen alle Spieler auf dem Feld einhalten.

Kein Spieler darf sich vor der Ausführung des Snap über die Line of Scrimmage bewegen. Überschreitet ein Spieler der Offense die Line of

Scrimmage zu früh, dann ist das ein False Start, das Spiel wird abgepfiffen, es gibt eine 5-Yard-Strafe gegen die Offense und eine Wiederholung des Versuchs. Bewegen sich mehr Spieler als der Man in Motion, gibt es ebenfalls eine 5-Yard-Strafe gegen die Offense wegen einer Illegal Shift. Die Defense kann unterschiedliche Fouls begehen und dafür Strafen bekommen. Überschreitet ein Spieler der Defense die Line of Scrimmage vor dem Snap, dann ist das ein Offside. Berührt er dabei einen Spieler, ist es ein Encroachment.

Überschreitet ein Spieler der Defense die Line of Scrimmage und verursacht dadurch eine Bewegung als Reaktion der Offense, dann nennt man das eine Neutral Zone Infraction. In allen drei Fällen kassiert die Defense eine 5-Yard-Strafe, die Offense erzielt sozusagen einen Raumgewinn von fünf Yards, ohne einen Versuch zu verlieren. Überquert ein Spieler der Defense die Line of Scrimmage und es ist noch kein Snap erfolgt und auch kein Spieler der Offense reagiert, kann er sich wieder hinter die Line of Scrimmage bewegen und es passiert nichts. Wenn die Offense weniger Yards zu erzielen hat, als die Strafe gegen die Defense lautet, bekommt die

Offense automatisch einen neuen ersten Versuch. Wichtig anzumerken ist, dass alle Fouls an der Line of Scrimmage direkt abgepfiffen werden, bis auf das Offside.

Bei einem Offside wird zwar die gelbe Flagge von einem Schiedsrichter geworfen, die Offense erhält allerdings ein Free Play. Die Offense führt ihren Spielzug also ganz normal durch und kann bei einem Pass sogar ein hohes Risiko eingehen. Denn selbst wenn es zu einem Turnover kommt, der Ball also in den Händen der Defense landet, kann sich der Headcoach der Offense aufgrund des Free Plays und des Offsides für die Strafe und gegen das Resultat des Spielzuges entscheiden.

Zurück zum Spiel. Da bei dem angekündigten Passspielzug keine Strafe vor dem Snap ausgesprochen wurde, erfolgt nun der Snap und der Quarterback bekommt den Ball. Dieser wirft in Richtung eines Receivers. Seine O-Line gibt ihm dabei die Zeit, um das Spielfeld überblicken zu können. Dabei können diese jedoch auch Fouls begehen. Die typischen Strafen der O-Line sind das Holding und ein Block in the Back. Beide Fouls werden an gegnerischen Spielern begangen, die nicht den Ball haben. Beim

Holding wird ein Gegenspieler nicht nur geblockt, also durch Wegschieben daran gehindert, seiner Aufgabe nachzukommen, sondern er wird durch Ziehen, Zerren und Festhalten in seiner Bewegung behindert. Dadurch können Verletzungen entstehen und deshalb ist dies nicht erlaubt. Es zieht eine Strafe von zehn Yards nach sich, wenn ein Spieler der Offense ein solches Foul begeht. Beim Block in the Back wird ein gegnerischer Spieler von hinten getackled oder geschubst. Dies ist besonders gefährlich, da der getackelte Spieler die Aktion nicht kommen sieht. Ein Block in the Back wird mit einer Strafe von zehn Yards belegt. Die Defense kann ebenso Fouls begehen.

Ein Holding der Defense wird mit einer Strafe von fünf Yards und einem automatischen ersten Versuch für die gegnerische Offense bestraft. Ein Block in the Back der Defense wird ebenso wie das der Offense mit einer Strafe von zehn Yards belegt, was fast immer zu einem neuen ersten Versuch der Offense führt. Ebenso für beide Seiten ist es verboten, einem Spieler, egal ob ballführend oder nicht, in das Gitter seines Helmes zu greifen. Das als Facemask bezeichnete Foul wird zurecht mit einer Strafe von 15 Yards bestraft. Die Verletzungsgefahr ist beim Griff in den Helm unglaublich groß. Der Quarterback wird übrigens besonders geschützt. Da er sich auf den Wurf konzentriert und sich nicht unmittelbar in eine Verteidigungsposition begeben kann, darf er nach dem Wurf nicht mehr getackled werden.

Wird er doch getackled, kann das ein Late Hit oder ein Roughing the Passer sein. Beide Fouls werden mit einer Strafe von 15 Yards und einem automatischen ersten Versuch für die Offense bestraft. In besonders schweren Fällen kann der Spieler der Defense sogar einen Platzverweis bekommen. Ein Late Hit kann im Übrigen auch von einem Spieler der Offense begangen werden. Dann gibt es eine Strafe von 15 Yards gegen die Offense.

Ähnlich dem Late Hit wird auch ein zu hartes Tackeln, Unnecessary Roughness genannt, bestraft. Meist wird ein solches Foul gepfiffen, wenn der Spielzug fast beendet ist und die Aktion keinen Einfluss auf den Ausgang des Spielzuges mehr hat. Oftmals ist ein Unnecessary Roughness ein Zeichen für Frust des verursachenden Spielers über den Spielverlauf. Die Strafe ist ein Raumverlust von 15 Yards für die Mannschaft des verursachenden Spielers.

Zurück zum Spiel. Mittlerweile fliegt der Ball in Richtung eines Wide Receivers und es wurde noch kein Foul begangen. Es gibt nun mehrere Möglichkeiten. Erstens, der Wide Receiver fängt den Ball nicht oder der Cornerback verhindert durch das Abwehren des Balles, dass der Wide Receiver diesen fängt und der Ball landet auf dem Boden. Dann verliert die Offense einen Versuch, hat keinen Raumgewinn erzielt und startet den nächsten Versuch. Zweitens, der Wide Receiver wird aktiv durch Festhalten oder ein Tackle, bevor er den Ball fangen kann, am Fangen des Balles gehindert. Dann ist das eine Pass Interference und die Offense erhält den Ball dort, wo das Foul stattgefunden hat.

Das kann bei langen Pässen 20 und mehr Yards Raumgewinn für die Offense bedeuten. Drittens, der Wide Receiver fängt den Ball im Spielfeld. Dazu muss er ihn sicher unter Kontrolle haben und bei oder nach dem Fangen mit beiden Fußspitzen das Spielfeld zumindest berühren. Fängt er den Ball in der Luft, landet aber im Aus, ist das kein gefangener Ball und kein erzielter Raumgewinn. Nach dem Fangen kann er weiter in die Richtung der Endzone laufen, um einen Touchdown zu erzielen.

Viertens, der Cornerback fängt den Ball, dann spricht man von einer Interception. Der Cornerback hat nun die Möglichkeit einen Pick Six zu erzielen.

Fünftens, der Wide Receiver fängt den Ball in der Endzone, dann gelten die gleichen Fangregeln wie im Spielfeld. Wichtig für den Touchdown ist, dass die Endzone wie ein 3D-Feld zu betrachten ist. Sobald der Ball dieses 3D-Feld berührt, ist ein Touchdown erzielt. Der Ball muss also mindestens mit der Spitze die Goalline überschreiten, das kann auch in ein oder zwei Metern Höhe passieren. An den Außenlinien und dem Ende der Endzone gilt, dass der Ball zwar außerhalb der Endzone gefangen werden darf, der Spieler jedoch mindestens mit beiden Fußspitzen den Boden der Endzone berühren muss, bevor er außerhalb der Endzone aufkommt.

Zurück zum Spiel. Der Wide Receiver fängt den Ball in der Endzone und erzielt somit einen Touchdown für Mannschaft B. Die Special Teams kommen auf das Feld, es wird eine PAT durch Mannschaft B erzielt, der Kick Off erfolgt durch Mannschaft B und die Offense der Mannschaft A sowie die Defense der Mannschaft B können nun das Feld betreten. So geht das Spiel hin und her, bis nur noch 90 Sekunden im letzten Viertel zur Verfügung stehen. Mannschaft B liegt mit zwei Punkten zurück und steht mit ihrer Offense an der eigenen 25-Yard-Linie auf dem Feld. Sie hat kein Time Out mehr zur Verfügung und will noch mindestens Raumgewinn bis zur gegnerischen 36-Yard-Linie erzielen, um ein realistisches Field Goal zu versuchen und somit die siegbringenden drei Punkte zu erzielen. Mit zwei Laufspielzügen erzielt die Offense jeweils fünf Yards Raumgewinn, steht nunmehr an der eigenen 35-Yard-Linie. Dafür hat sie 40 Sekunden der Spielzeit verbraucht, da die Spieluhr weiterläuft, weil der Ballträger im Spielfeld getackled wurde.

Zwei Passspielzüge mit jeweils zehn Yards Raumgewinn später steht die Offense an der gegnerischen 45-Yard-Linie. Da der Passempfänger bei beiden Passspielzügen über die Seitenauslinie gelaufen ist, wurde die Spielzeit angehalten und nur zehn Sekunden pro Spielzug verbraucht. Nun folgt ein Passspielzug, welcher misslingt. Weitere zehn Sekunden gehen verloren, noch 20 Sekunden Spielzeit stehen zur Verfügung.

Der nächste Passspielzug über neun Yards gelingt, der Wide Receiver wird jedoch im Spielfeld getackled. Jetzt stellt sich die Offense in Windeseile auf und spiked den Ball. Das ist eine weitere Möglichkeit, die Spielzeit zu stoppen. Dabei wird der Ball direkt nach dem Snap vom Quarterback auf den Boden geworfen. Die Uhr wird angehalten, aber die Offense verliert einen Versuch. Dies passiert oft, wenn nur noch wenige Sekunden auf der Uhr sind, keine Time Outs mehr zur Verfügung stehen, aber das Kicking Team auf das Spielfeld kommen muss, um das entscheidende Field Goal zu erzielen.

Durch das Spiken wurde die Spielzeit bei 10 Sekunden gestoppt. Nun verlässt die Offense schnell das Feld und die Special Teams kommen auf das Spielfeld.

Der Ball ist platziert, die Spielzeit läuft und eine Sekunde vor dem Ende wird der Snap zum erfolgreichen und entscheidenden Field Goal gespielt.

Herstellung und Verlag:

BoD – Books on Demand, Norderstedt

ISBN: 9783752621549

1. Auflage

Kontakt: Psiana eCom UG/ Berumer Str. 44/ 26844 Jemgum

Covergestaltung: Fenna Larsson

Coverfoto: depositphotos.com